Dama de la Esperanza

Dama de la Esperanza

Una Colección de Poesía

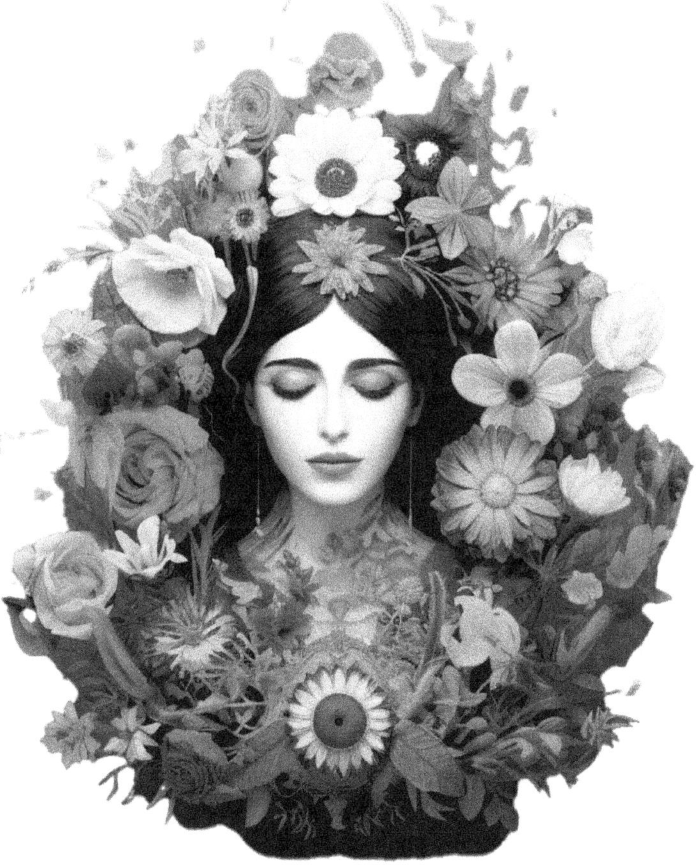

King Bean

allWrite publishing

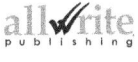

Atlanta, GA

Dama de la Esperanza: Una Colección de Poesía
Copyright 2024

Todos los derechos reservados.

Esta publicación no puede ser reproducida, alterada en su totalidad o en parte, almacenada en un sistema electrónico, o transmitida en cualquier forma o por cualquier medio, electrónico, mecánico, fotográfico, de grabación, o de otra manera, sin el permiso previo del autor.

ISBN: 978-1-941716-18-2 (impreso)
ISBN: 978-1-941716-21-2 (ebook)

LCCN: 2024901935

Editado por Annette R. Johnson
Traducción y revisión por Celida Hernandez

Impreso en los U.S.

Dedicación

Me gustaría dedicar este libro al amor de mi vida, mi esposo Martin E. Bean, para quien acaricia mi alma cada día con suavidad y ternura.

Contents

Dedicación
Prefacio
El Lenguaje Oficial 12
Alma Infinita	14
Lulú	16
Amantes cercanos 18
No lo Digas 20
Otelo	22
Por Nosotros	24
Caminante Perdido 26
Encuentros con el Opio	28
Lo que dejó el amor	30
Pero el amor se acabó	32
Amor	34
Holocausto Estadounidense	36
Tristeza 38
Virginidad 40
Alma Esclavizada 42
Telarañas 44
Sentimientos	46
Ostracismo 48
Camino a la libertad	48
Sobre la autora

Prefacio

Cuando pases esta página, siéntate cómodamente y relájate. Con suerte, será en una tarde soleada mientras estás mirando al mar, ya sea solo o con esa persona que quiere acariciar tu alma. Si eliges una tarde lluviosa, asegúrate de que alguien esté rasgueando hermosos acordes de guitarra en una reunión agitada y loca.

Muchos de mis lectores se han quedado con un sabor amargo en la boca por la espera y lo que pasó después, queriendo saber: "¿Qué hicieron los amantes?" y "¿Cuál fue el final de Esperanza?" y "¿Existen realmente las mujeres árabes?"

Te dejo la promesa de un segundo encuentro, en el que revelaré muchos fantasmas que quieren ser vistos y apreciados. Mientras tanto, gritemos al unísono: *¡Viva la poesía, fuerza inagotable del amor y de la fe!*

El libro incluye un enlace a la versión en audio de cada poema, ¡así que disfrútalo como quieras!

El Lenguaje Oficial

En el camino a la escuela,
Los niñitos blancos se acostaron en la arena,
Sus cabellos rubio irradiaba ternura.
En el camino a la escuela,
Los niños latinos bailaban la Macarena,
Sus mochilas desaliñadas contenían pan y fruta.
En el camino a la escuela,
Los niñitos negros hablaban de aventuras
Sus piernas incansables corrían por las llanuras claras.
En el camino a la escuela,
Los pequeños chinitos se multiplicaron mentalmente,
Sus mentes agudas visualizaban el horizonte azul.
En el camino a la escuela,
Los niños descansaban, bailaban, hablaban, aprendían,
Tan tiernos, tan hambrientos, tan ansiosos, tan inquisitivos
Hablaban diferente, pero se entendían
Porque hablaban un solo idioma.

Para ESCUCHAR el poema leído por el autor, ESCANEE el código QR (arriba) usando la aplicación de cámara incorporada en su teléfono celular o tableta. Apunte la cámara al código QR. Toque el banner que aparece en su teléfono o tableta. Siga las instrucciones en pantalla para acceder al archivo de audio.

Alma Infinita
~~~~~~

Viene la lluvia y empapa el alma,
de tal manera que mis ojos no pueden ver en la brumosa distancia.

Sin embargo, todo es claro y maravilloso,
haciéndome imaginarlo frente a mí mientras me reclinaba a sus pies.

El agua de lluvia y las lágrimas bañan mi cabello y mi cuerpo,
no tener peor amante que uno que no puede ganarle a una tormenta.

Incluso cuando yace inerte y pálido,
No dejes que el sueño termine, por favor que nunca termine.

Déjame saborear su alma una vez más,
bebiendo el café más amargo, lleno de incertidumbre y miedo.

El alma vaga por todos los rincones del mundo,
buscando a alguien que reclame su existencia sin fin.

Para ESCUCHAR el poema
leído por el autor, ESCANEE
el código QR (arriba) usando la
aplicación de cámara incorpora-
da en su teléfono celular o tableta.
Apunte la cámara al código QR.
Toque el banner que aparece
en su teléfono o tableta. Siga las
instrucciones en pantalla para
acceder al archivo de audio.

Lulú

Lulú camina por la avenida.
Se enfrenta al viento embravecido.
Lulú levanta su crinolina.
Arregla el fluir de su vestido.
Lulú camina hacia la tienda de la esquina,
Allí se encuentra con su prometido.
Lulú sube la pata del pantalón.
Ella expone los muslos de pollo que él tiene.
El novio parece asustado.
Le mira las piernas y le dice:
—¡Ay, Lulú, por el amor de Dios!
Qué feas, qué feas son tus canillas".

Para ESCUCHAR el poema leído por el autor, ESCANEE el código QR (arriba) usando la aplicación de cámara incorporada en su teléfono celular o tableta. Apunte la cámara al código QR. Toque el banner que aparece en su teléfono o tableta. Siga las instrucciones en pantalla para acceder al archivo de audio.

Amantes cercanos

En una noche cálida
Hablaron dos amantes
Felizmente compartieron
Cerca de su habitación

Ella arrancó rosas
El le besó sus pies
Ella brindó con vino
Cerca de su corazón

Para ESCUCHAR el poema
leído por el autor, ESCANEE
el código QR (arriba) usando la
aplicación de cámara incorpora-
da en su teléfono celular o tableta.
Apunte la cámara al código QR.
Toque el banner que aparece
en su teléfono o tableta. Siga las
instrucciones en pantalla para
acceder al archivo de audio.

No lo Digas

No digas lo que no sabes.
Si no lo sabes, no lo inventes;
¡Te llamarán mentiroso!

No digas lo que no escuchaste.
Si no lo escuchas de primera mano, no lo repitas.
Ellos se darán cuenta de lo que tú no sabes.

No digas cosas malas de un extraño.
La persona que no conoces podría ayudarte.
Podrían presentarte a grandes personas.

No digas sí por decir no.
Cuando dices que no, te conviertes en una dama.
Serás deseada, como fruta prohibida.

No digas que no solo porque sí.
Cuando dices que sí, debes comprometerte.
La vida cambia a medida que respondes.

Para ESCUCHAR el poema
leído por el autor, ESCANEE
el código QR (arriba) usando la
aplicación de cámara incorpora-
da en su teléfono celular o tableta.
Apunte la cámara al código QR.
Toque el banner que aparece
en su teléfono o tableta. Siga las
instrucciones en pantalla para
acceder al archivo de audio.

Otelo

Sus ojos alquitranados la devoraron.
Su boca de manzana estrellada la besó.
Sus dientes luminosos la mordieron.
Su cabello de lana acarició su cuerpo.

Ella preguntó: "¿Quién eres?"
Él dijo: "¡Yo soy Otelo, el Despiadado!"
—¿Qué te enamora, Otelo?
"¡Eres la mejor y más ardiente amante!"

Para ESCUCHAR el poema leído por el autor, ESCANEE el código QR (arriba) usando la aplicación de cámara incorporada en su teléfono celular o tableta. Apunte la cámara al código QR. Toque el banner que aparece en su teléfono o tableta. Siga las instrucciones en pantalla para acceder al archivo de audio.

Por Nosotros

Música, luces, bullicio
La fantasía comienza
Larga vida al Guaro
Que vivan las mujeres
Los machos de Michoacán son los más valientes
Levanten su copa y brinden las hembras
de Morelia, que son padrísimas
Vamos mi amor, adelante
Levanta tu Tecate y brindemos por nosotros
Porque los machos de Michoacán son los más valientes

Para ESCUCHAR el poema
leído por el autor, ESCANEE
el código QR (arriba) usando la
aplicación de cámara incorpora-
da en su teléfono celular o tableta.
Apunte la cámara al código QR.
Toque el banner que aparece
en su teléfono o tableta. Siga las
instrucciones en pantalla para
acceder al archivo de audio.

Caminante Perdido

Silencio, tristeza y muerte
La oscuridad busca refugio en mis costillas
Cielos atormentados con señales de tormenta
Lanzas tu esperanza al viento
Inútil es tu búsqueda de nuevos senderos
Mira tu propia tierra
Mira cómo se desangra
Mira, ya no está vivo
No puede soportarlo más

Para ESCUCHAR el poema
leído por el autor, ESCANEE
el código QR (arriba) usando la
aplicación de cámara incorpora-
da en su teléfono celular o tableta.
Apunte la cámara al código QR.
Toque el banner que aparece
en su teléfono o tableta. Siga las
instrucciones en pantalla para
acceder al archivo de audio.

Encuentros con el Opio

Soy mejor que tú, porque soy africano.
Soy a la vez blanco de la maravilla y el odio que se expande por todo el mundo.
Soy oscuro como el ónix y fuerte como el acero.
Mi sangre es un océano de pasión y alma feroz.
Secretamente envidian la forma en que la tierra vibra cuando camino.

Soy mejor que tú, porque soy europeo.
Soy a quien todo el mundo dice que sí y a cuyas mujeres prefieren.
Siempre estoy tratando de liderar a cualquier costo.
Mi piel es tan blanca como la nieve, como mi cabello a veces.
Buscan en mí progreso y prosperidad.

Yo soy mejor que ustedes, porque soy hispano.
Soy una mezcla de mil hombres, la fe de mil culturas.
Yo soy fruto, la tortura y pasión de la Tierra.
Mi vida es ardua, siendo familiar la pobreza y la ruina.
Conocen mi potencial y mi amor por Dios.

Soy mejor que todos, porque soy asiático.
Yo soy la materia gris, indestructible porque mi inteligencia es superior.
Soy ingenioso y me beneficio de la tierra y el mar.
Mis ojos captan y escudriñan todo.
Estudian mis formas para mejorar sus vidas.

Mujer, por fin, ¡tu color no importa!
¡Tu hemisferio de origen no importa!
"Porque polvo eres, y al polvo volverás".

Para ESCUCHAR el poema
leído por el autor, ESCANEE
el código QR (arriba) usando la
aplicación de cámara incorpora-
da en su teléfono celular o tableta.
Apunte la cámara al código QR.
Toque el banner que aparece
en su teléfono o tableta. Siga las
instrucciones en pantalla para
acceder al archivo de audio.

Lo que dejó el amor

En lo más profundo de mi cuerpo maravillas surgieron.
El futuro del mundo dejó su huella.
Su partida no lo borrará.
Mi olvido permanece.
No se ofrecía escapatoria.
Ella es tan hermosa.
Como ningúna otra.
Amor en ella.
Madre.

Para ESCUCHAR el poema leído por el autor, ESCANEE el código QR (arriba) usando la aplicación de cámara incorporada en su teléfono celular o tableta. Apunte la cámara al código QR. Toque el banner que aparece en su teléfono o tableta. Siga las instrucciones en pantalla para acceder al archivo de audio.

Pero el amor se acabó

Y me ato a su pelo negro, acariciándolo dulce y lentamente
Y bebo de sus labios más dulces, la miel más deliciosa
Y pruebo los frutos más jugosos, entre gemidos y lamentos
Y me hundo en su vientre como un pájaro carpintero,
perforando madera fresca

Y bailamos la brillante samba
Y disfrutamos del ardiente carnaval
Pero el amor se acabó ahora
Nos vemos mañana

Para ESCUCHAR el poema
leído por el autor, ESCANEE
el código QR (arriba) usando la
aplicación de cámara incorpora-
da en su teléfono celular o tableta.
Apunte la cámara al código QR.
Toque el banner que aparece
en su teléfono o tableta. Siga las
instrucciones en pantalla para
acceder al archivo de audio.

Amor

Quiero decirte una palabra inolvidable: Amor
Y la considerarás de la misma manera
Pero no la sentirás de la manera en que yo la siento.

La declaración más perfecta
Y la palabra mejor pronunciada
Pero en tus labios, siempre será un misterio

Para ESCUCHAR el poema
leído por el autor, ESCANEE
el código QR (arriba) usando la
aplicación de cámara incorpora-
da en su teléfono celular o tableta.
Apunte la cámara al código QR.
Toque el banner que aparece
en su teléfono o tableta. Siga las
instrucciones en pantalla para
acceder al archivo de audio.

Holocausto Estadounidense

No hubo día siguiente, ni segundas oportunidades.
Llegó como un ladrón en medio de la noche.
Se apoderó de todas las mentes y cuerpos a medida que se infiltraba.
Aquellos que estaban despiertos fueron cubiertos de hollín negro.
Ya no veían nada más que su propio fin.
El blanco de sus ojos y dientes era indicios de restos humanos.
La vida, la libertad y el amor se incendiaron con la nube de la muerte.
El gas letal mató todo, incluyendo insectos y alimañas.
El rugido en el continente hizo vibrar al resto del mundo.
Los otros continentes informaron de la noticia al día siguiente.
La tercera parte de América había desaparecido, no quedaba nada.

Para ESCUCHAR el poema
leído por el autor, ESCANEE
el código QR (arriba) usando la
aplicación de cámara incorpora-
da en su teléfono celular o tableta.
Apunte la cámara al código QR.
Toque el banner que aparece
en su teléfono o tableta. Siga las
instrucciones en pantalla para
acceder al archivo de audio.

Tristeza

¿Qué pasó con Esperanza?
Dicen que se volvió vieja y fea.
¿Qué pasó con su verdadero amor?
Comió demasiado y se le hinchó su cara.
Su carne cuelga de su cuerpo hinchado.
Se parece a una salchicha vieja.
Entonces, todo el mundo se pregunta por ella.
¿Qué le pasó a Esperanza?
¿Sigue siendo la más bonita?
La pobrecita lleva un dolor en el alma.
¿Quién puede manejar su dolor?
¿Dónde está su verdadero amor?
Se fué a Tailandia.

Para ESCUCHAR el poema
leído por el autor, ESCANEE
el código QR (arriba) usando la
aplicación de cámara incorpora-
da en su teléfono celular o tableta.
Apunte la cámara al código QR.
Toque el banner que aparece
en su teléfono o tableta. Siga las
instrucciones en pantalla para
acceder al archivo de audio.

Virginidad

Emergiste como cadenas que atraparon mi existencia.
Creaste un abismo de dolor desatado con el tiempo.
Me dejaste con la ausencia de decencia y deseo.
En nuestro cielo, siempre aparecerán nubes oscuras.
Cubren el sol, nunca iluminando nuestro futuro.
¿Qué hiciste con mi vida, mis sueños?
¿Por qué me mentiste y te reíste de mí?
¿Cómo puedes ser un ser humano?
Mi pureza fue transformada en una orgía.
Tomaste la falta de respeto a lo máximo.
Jugaste conmigo como un niño recién nacido.
Depositaste tanta inmundicia.
Todo esto de un niño macho,
Que nunca conoció el amor verdadero.
Me hiciste un gran favor,
Me quitaste un gran peso de encima.
Me mostraste el amor impuro.

Para ESCUCHAR el poema
leído por el autor, ESCANEE
el código QR (arriba) usando la
aplicación de cámara incorpora-
da en su teléfono celular o tableta.
Apunte la cámara al código QR.
Toque el banner que aparece
en su teléfono o tableta. Siga las
instrucciones en pantalla para
acceder al archivo de audio.

Alma Esclavizada

Armadura impenetrable
Cuero negro brillante
Marcha rítmica
Corazón deslumbrante
Ojos de madreselva
Piel dorada y resplandeciente
Besada por los rayos del sol
Sonrisa blanca y brillante
Pies y manos encadenados

Esclavo perseguido,
¿Cuál es tu historia?
¿Qué hay en tu alma?
¿Qué hay en tu corazón?
Quiero acercarme a ti.
Dame tu mano.

Para ESCUCHAR el poema leído por el autor, ESCANEE el código QR (arriba) usando la aplicación de cámara incorporada en su teléfono celular o tableta. Apunte la cámara al código QR. Toque el banner que aparece en su teléfono o tableta. Siga las instrucciones en pantalla para acceder al archivo de audio.

Telarañas

Telarañas cubren mi cara y cuerpo.
Me siento tan viejo y cansado como parezco.
Estoy remando por la corriente de los años.
No sabré cuándo parar.
Porque el timón no es mío.
El Señor Dios guía nuestra dirección.
Quiero estar a bordo por muchos años.
Quiero verte ser madre.
Quiero sentir tu alegría y tu amor.

Para ESCUCHAR el poema
leído por el autor, ESCANEE
el código QR (arriba) usando la
aplicación de cámara incorpora-
da en su teléfono celular o tableta.
Apunte la cámara al código QR.
Toque el banner que aparece
en su teléfono o tableta. Siga las
instrucciones en pantalla para
acceder al archivo de audio.

Sentimientos

Resentimiento. Egoísmo. Falsedad.
Ni siquiera el llanto puede lavar el dolor más profundo.
Ni siquiera el fuego puede destruir los recuerdos más crueles.
Ni siquiera el tiempo puede disminuir las peores traiciones.
Odio el poder de los sentimientos negativos.
El dolor puede ser tan intenso que no da paso a la esperanza.
El corazón permanece roto y añorando el alivio.
¿Qué vive en tu roto corazón?
¿Por qué no das paso a la luz?
¿Cómo vives con este estancamiento?
Aléjalo. Decláralo fuera. Reza para que se vaya.
Renacerás en otro espacio.
En esta ruta, te encontrará.
Dirígete hacia tu posición de descanso.
Esta era tu posición original.

Para ESCUCHAR el poema
leído por el autor, ESCANEE
el código QR (arriba) usando la
aplicación de cámara incorpora-
da en su teléfono celular o tableta.
Apunte la cámara al código QR.
Toque el banner que aparece
en su teléfono o tableta. Siga las
instrucciones en pantalla para
acceder al archivo de audio.

Ostracismo

Años en soledad e incomprensión
Un amor que una vez vivió con esperanza
El vuelo de un millón de águilas te espera
Solo uno se resiste al juego
Encerrada en el laberinto de su exilio
Ella se queda atrás y la enjaulan
Atrapada en la torre negra de los recuerdos
PUM PUM PAM PAM
El tambor suena en armonía
PUM PUM PAM PAM
El corazón responde
PUM PUM PAM PAM
Que comience la alegría

Para ESCUCHAR el poema
leído por el autor, ESCANEE
el código QR (arriba) usando la
aplicación de cámara incorpora-
da en su teléfono celular o tableta.
Apunte la cámara al código QR.
Toque el banner que aparece
en su teléfono o tableta. Siga las
instrucciones en pantalla para
acceder al archivo de audio.

Camino a la libertad

Busco recuperar la fe perdida atada a tu corrupción y captura.
Subiré silenciosamente al infinito porque un gran futuro espera.
No hay ni una canción ni un redoble de tambor en la espesura que nos guíe.
Solo tengo mi aliento febril, intoxicando la negrura espeluznante.
Tal vez alguien nos esté esperando, para llevarnos a otro mundo.
Como huérfanos intercontinentales, seguimos corriendo a ciegas.
Sonámbulos, estamos fatigados pero alentados por la libertad.
Con el miedo detrás y delante de nosotros, podríamos caer encantadoramente en el letargo.
Ojos levantados, corazones divididos entre la agonía y las aspiraciones.
En el camino hacia la libertad, sólo tenemos un sentimiento combinado:
Esperanza en lo que soñamos y un profundo temor de lograrlo.

Para ESCUCHAR el poema
leído por el autor, ESCANEE
el código QR (arriba) usando la
aplicación de cámara incorpora-
da en su teléfono celular o tableta.
Apunte la cámara al código QR.
Toque el banner que aparece
en su teléfono o tableta. Siga las
instrucciones en pantalla para
acceder al archivo de audio.

Sobre la autora

Originaria de Panama, Maureen King Bean ha vivido en los Estados Unidos desde 1984, primero en Lilburn, GA, y luego en Kendall, FL, donde vive con su esposo, Martin E. Bean. Maureen se graduó primero como Licenciada en Filología Española de la U.A.C.A en Costa Rica y luego como Maestría en Cultura y Literatura Española de la Universidad de Salamanca. Enseñó español en la escuela primaria durante más de 20 años en las Escuelas Públicas de Miami Dade, las Escuelas Públicas de Atlanta y las Escuelas del Condado de Bartow. Maureen trabaja actualmente para Miami Dade College como instructora de ESOL. Mientras tanto, continúa celebrando la vida y está agradecida por los dones y oportunidades creativos que Dios le ha brindado.